JN436966

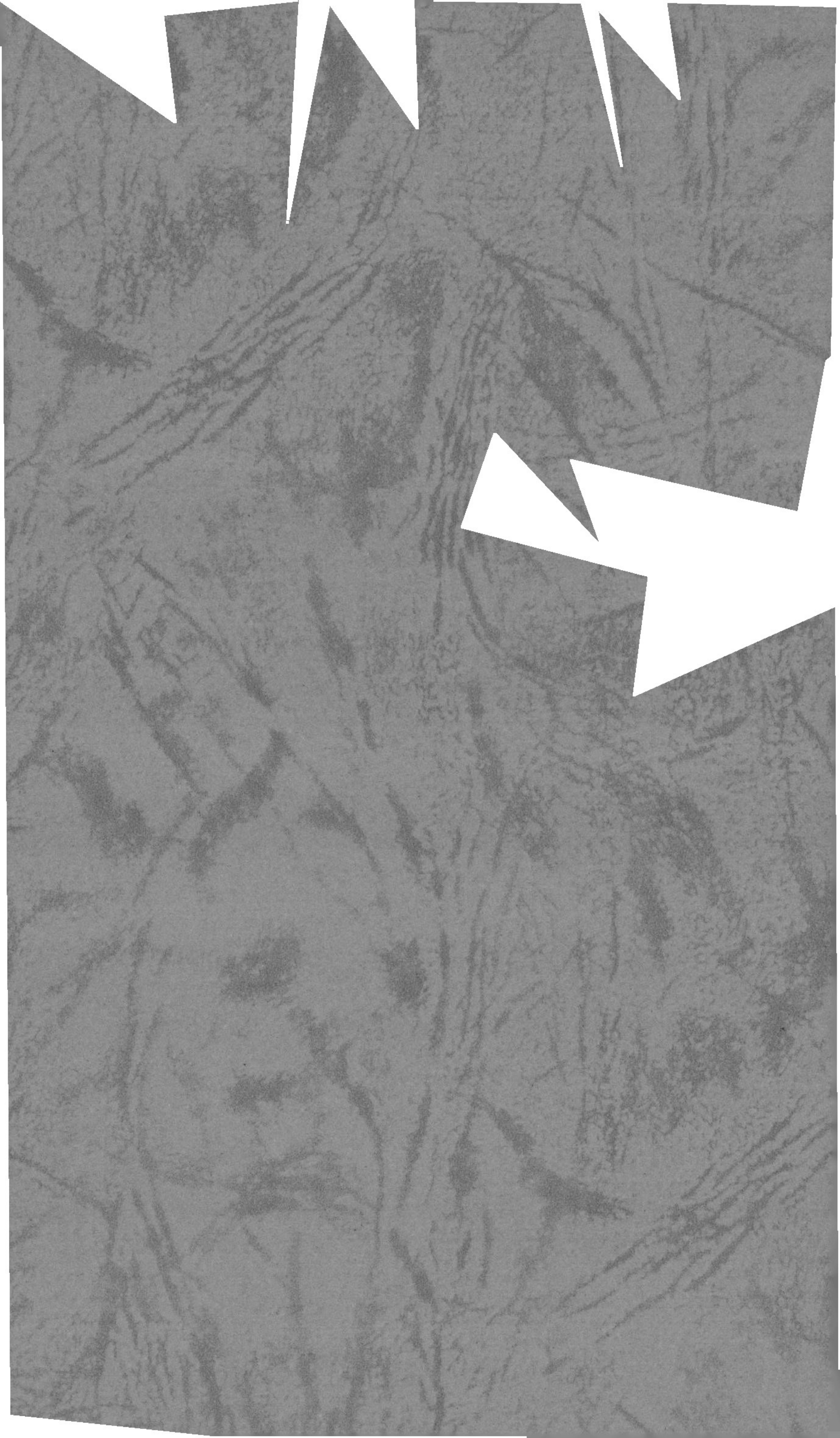

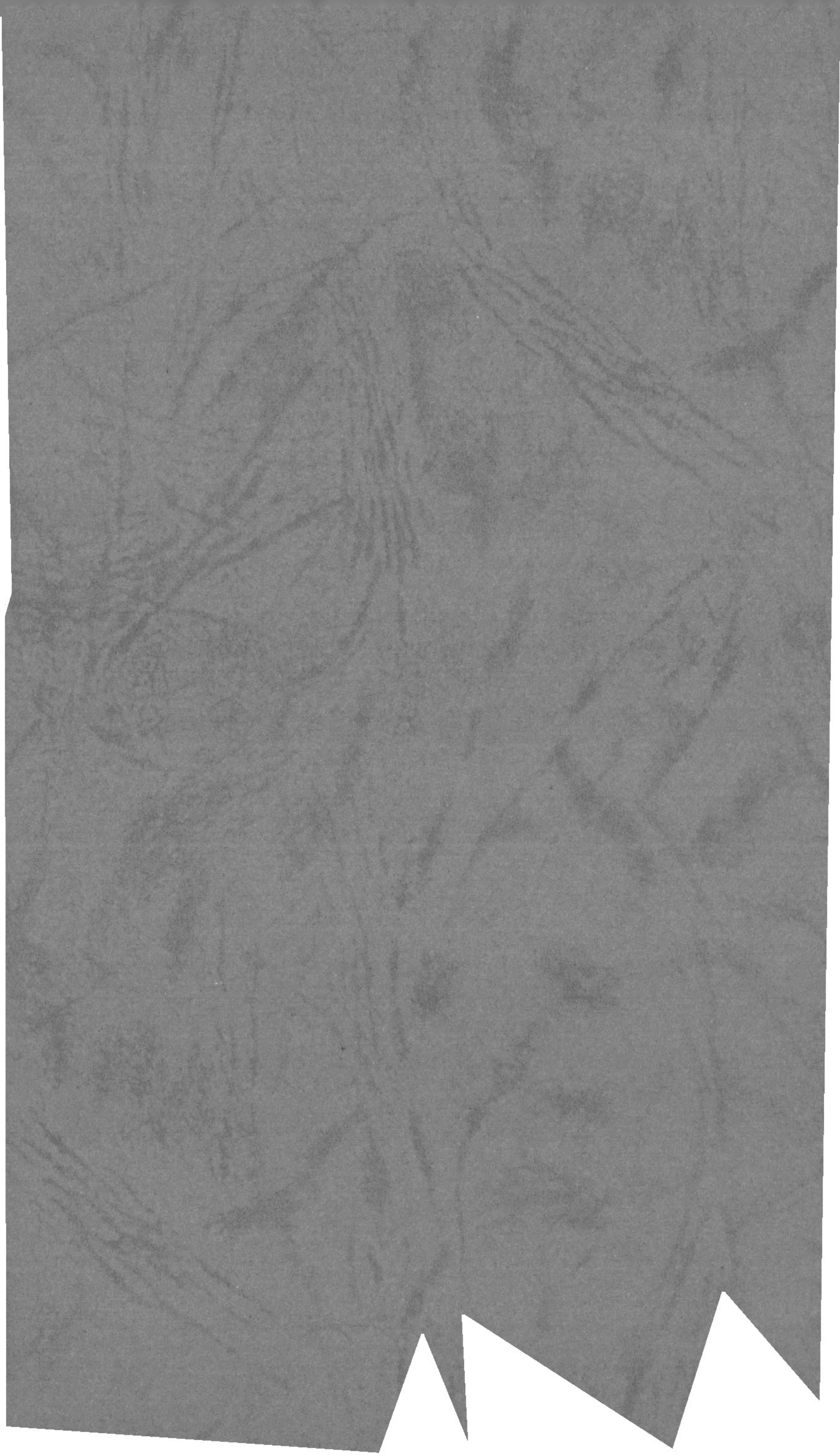

몸·선·길에 관한 담론

산강 김락기 시조집

몸·선·길에 관한 담론

—『삼라만상』 시리즈④

月刊文學 출판부

| 自序 |

나의 **길**은 되는 대로 그은 **선** 천지구나

얼굴도 **몸뚱이**도 회한 서린 자욱 자욱

언제나
길다운 **길**에
차만 **선**을 그을까

● 丁酉年 붉은 닭띠 내 님의 환갑이라
평생지기 그대 모습 요즘에사 언뜻 보니
속주름 맺힌 사연이 이내 몸을 적시네

단기 4350년 정월 원단
붉은 해 솟아오르는 수락산 귀임봉에서

차례

제2장 얼굴 해부

제3장 몸에 대한 해부

제4장 선에 관한 탐구

제5장 길에 관한 편상片想

제1부 그대로의 길

제2부 헤쳐보는 길

| 작품평설 |

제1장
시조 월령가
— 닭과 함께한 열두 달

| 시작 노트 |

— 근 일 년 걸려설랑 산란 포란 탁란 줄탁/ 병아리 영계 중닭 햇닭 노계 장닭 암탉/ 닭 부리 볏에 날갯죽지 4계절이 대두하니/ 다지고 설레다가 깨치고 열치다가/ 기차고 빛나다가 꾸리고 마치다가/ 열두 달 그 멋진 나달 언새 가고 없더라

다짐
— 해오름달

공공 언 누리지만 새해는 새해로다
얼음장 틈 사이로 새벽빛을 기다리며
간직한 알을 고른다 한 톨 씨를 품는다

설렘

— 시샘달

차갑고 긴긴 밤을 벗어날 꿈이 있다
부대끼고 강팍해도 따스한 날을 향해
품어온 알을 굴리며 더 태교에 애쓴다

깨침
— 물오름달

저도 몰래 눈 뜨이니 박명薄明이 곧 오나보다
길모퉁이 볕뉘마다 따지기 몸 풀리며
겉에서 안에서 쪼니 알껍데기 막 깨진다

열침

— 잎새달

아늑하기 그지없어 하품이 다 날 정도
예제 꽃눈잎눈 이를 즐겨 필 적에는
갓 나온 조, 조, 병아리 볕에 빠져 옴짝 않네

자람

— 푸름달

연록빛살 그 싱그런 촉감들이 자글대면
상큼함에 겨워 겨워 오월 향에 푹 빠진 채
살 오른 병아리 떼가 온 마당을 쏘다닌다

짙음

— 누리달

모란꽃이 붉을수록 잎맥 더욱 박동치고
짙푸르른 기세 앞에 뭇 빛이 다 무색할 때
닭 부리 제법 튼실해 구석구석 쪼아댄다

기참

— 견우직녀달

뙤약볕을 먹고설랑 사물마다 열 뻗치고
그늘 서린 폭포수에 구릿빛이 이글대면
털갈이 물 머금은 햇닭 하늘 보고 아서라

빛남
— 타오름달

막바지 무더위가 오곡백과 살찌우면
태풍의 물갈퀴는 바다 속을 긁어쌓고
닭다리 발톱도 어언 흙바닥을 파재낀다

익음
— 열매달

저리 맑은 저 허공은 참 잘 익은 속정인가
이슬마저 익고 익어 석류 알로 탁 터지면
서슬이 닭 볏에 번져 제법 붉게 물든다

이룸
— 하늘연달

화려함의 극치랄까 넉넉하니 더 곱구나
달도 차서 두리둥실 오방색이 넘치는데
흘레질 한 막 펼치고 날갯죽지 퍼덕인다

꾸림

— 미틈달

낙엽도 지고 지고 된바람도 불어오고
지난 세월 자락 따라 어언 끝동 붙잡고서
꼬끼오 목청 돋우니 장닭이라 왜 앖으리

마침

— 매듭달

흩날리는 눈발 속엔 사철이 담겨있어
또 한 해를 매듭짓고 돌아보는 이 길목은
온전히 새 알도 낳는 어미닭의 길이렷다

動靜 / 산강

수채화

1970년

34cmX25cm

제2장
얼굴 해부

제1부 얼굴 살피기

| 시작 노트 |

— 이제부터 우리 몸을 들여다 보려 한다/ 늘 함께 하다 보니 대수롭게 여길 수도/ 그런데 보면 볼수록 알 수 없이 신비로워/ 게 중에서 얼굴이란 겉과 속의 결정체지/ 그래 우선 이놈부터 뵈는 대로 뜯어보니/ 참으로 알 수 없구나, 네 실체가 무엇인지

얼굴

— 始

오만상을 나타내는 네 속내를 뉘 모르랴
귀신도 너 없으면 종잡을 수 없는 거라
그런 널 마구 다루는 마음 놈이 문제지

귀〔耳〕

적막 속에
묻혀보라
소리 엄청 들릴 거다

잊혀졌던
소리들이
네 가슴을 울릴 거다

살다가
귀도 씻게나
버릴 놈도 있을 거다

눈〔目〕

마음의 거울이라
흔히 그리 말들 한다

기껏해야
네 신세가
대리代理에나 머무는가

감고도
훤히 다 보는
그놈 눈을 내놓아라

입(口)

천 냥 빚을 갚거니와
천리도 가는 말인지라

말이 되레 많아지면
먹는 입이 화근이 돼

식언을
적게 할수록
입 무건 놈이라잖아

코〔鼻〕

꿰이거나 납작해져
기죽어 지내다니

코 높다고 우쭐대던
그 시절이 언제였지

그제사
함께한 냄새
본 놈인 줄 아는 듯

얼굴
— 終

짝이 있는 구멍 셋은 남의 것을 잘 받들라
크나큰 입 한 구멍은 내 것을 남용 말라
이마 볼 눈썹 한 올도 맘 놈에게 다 주지 마

動靜 / 산강

수채화

1970년

34cmX25cm

제2장
얼굴 해부

제2부 안목眼目 넓히기

| 시작 노트 |

— 눈이란 오묘해서 붙이는 게 이름이라/ 생눈 참눈 겉눈 곁눈 봉안 노안 영안 불안/ 별도로 골라 떼내어 그 안목을 넓혀보니/ 겉에서 속에까지 몸체에서 마음까지/ 세상눈 독수리눈 샛별눈 천안 혜안/ 그나마 풀어보지만 기별이나 갈는지

속눈

감아도 감은 것이 아닐 때가 정 많은가

눈 뻔히 뜨고서도 코 베이는 세상이니

차라리
감고 살지라
오만 꽃이 필는지

첫눈

첫눈에 반하여서 함께하는 인연이란

그만큼 귀한 만큼 깨지기도 하는 만큼

오히려
추억에 두고
꺼내봄 직할 거나

밤눈

칠흑 같은 밤길에도 잘도 다닌 걸음인데

요즘은 어이하여 새눈에만 갇혔는가

가슴에
눌어 파묻힌
그 태몽이 꼼틀댄다

먼눈

멀리서 바로 보면 더 잘 뵈는 거와 같이

눈 비록 멀었어도 더 잘 아는 이도 있다

가끔은
뒤로 물러나
심호흡도 들어본다

한눈

잠시 눈을 붙이거나 딴 데를 보기도 해

한꺼번에 다하면서 얼씨구나 좋겠지만

꿈이란
때로는 따로
있을 때가 차만 것

외눈

눈 하나라 설워마라 외눈부처 곁에 산다

부러라도 한 눈 뜬 채 주변 한 번 둘러보렴

다른 듯
엇비슷한 듯
다 정겨운 이웃일 터

실눈

가늘게 눈을 뜨고 구도를 잡아본다

심화지心畵紙*에 착상되는 참 빛 고운 파노라마

흐르는
나달과 함께
그림으로 실린다

* 심화지心畵紙 : 마음을 그리는 종이

맨눈

맨눈으로 쳐다보는 밤하늘은 고향이다

달별이 벗이 되어 무시로도 내려와서

강퍅한
마음에 앉아
고분고분 속삭인다

참눈

눈은 본래 제 마음의 거울이라 하였거늘

곁눈으로 흘기거나
겉눈으로 모른 척도

아무리
세상살이가
얄망궂기로서니

제3장 몸에 대한 해부

제1부 장부臟腑 속보기

| 시작 노트 |

— 얼굴조차 잘 모르니 몸통이나 뒤져볼까/ 보이는 겉모습은 그대로 두더라도/ 속내는 안 보이느니 어이 그를 잡을까나/ 메스를 대는 대신 신통력을 부려설랑/ 내장으로 한정하여 염파로 파잡으니/ 저마다 온갖 사연이 주절주절 흐르누나

몸

— 프롤로그

몸 하나는 작지만은 작다고만 할 수 없다
장기臟器만 들었으면 그럴 수도 있지만은
고 영물 맘이란 놈이 들고나니 말이다

그러니 이 하나면 아니 될 리 없는 것이
생각에 따라서는 우주 끝도 갈 수 있고
무정한 시절까지도 품에 안고 흘러가니

염통〔心臟〕

임금의 자리에서 생명을 다루나니
가히 그 권위는 정신마저 아우르고
잠시도 쉬지를 않고 한 백 년은 다스린다

그 오직 한 길만이 제 가야할 몫이라고
평생을 하루같이 일을 하는 모습에서
저물녘 그림자 뒤로 숙연히도 배어들고

간〔肝臟〕

피바다에 모인 피를 조절하여 보내면야
때로는 화가 나서 싸우면서 가다가도
묵묵히 저항할 때는 독성도 곧 사라진다

곧 사라질 일들까지 아무거나 받아서는
이 모두가 제 일인 양 추슬러서 함께하다
그릇이 넘쳐난 만큼씩 몸피 자꾸 줄인다

밥통〔胃臟〕

음식물을 모아서는 소화도 잘도 하고
원기를 북돋우어 활발하게 꿈틀대니
이 한 몸 먹여 살리는 태창太倉이라 할 만하이

큰 창고를 열어놓고 오는 대로 맞이하고
가더라도 요모조모 챙겨서 보내느니
채우고 비우는 마음 견줄 길이 없어라

허파〔肺臟〕

벌집이나 풍선처럼 겉모양은 그리해도
장부臟腑의 맨 위에서 이를 덮고 지키는 듯
목숨을 담보로 잡고 또 운기를 부려댄다

숨통 한 번 끊어지면 다시 못 볼 이 세상을
천년만년 살 거라고 아등바등 하는 차에
떠난 뒤 그 빈자리가 기가 차게 커 보여

콩팥〔腎臟〕

오줌 줄이 시원한 건 네 덕인 줄 알지만은
남녀가 뜨겁도록 사랑할 수 있게 하여
생명을 잇는 뜻이야말로 어이 다하랴

더구나 몸을 떼내 남에게 주는 이는
죽어가는 한 생명을 살려내는 것이러니
새 목숨 탄생보다도 어찌 작다 할쏜가

쓸개〔膽囊〕

자그마한 가지 같은 주머니에, 그 쓸개즙
지방분해 소화촉진 세균억제 다하면서
정확히 평형을 잡는 결단력을 보인다

쓸개 빠진 사람 같이 오줄없는 자도 없다
쓸개에 가 붙었다가 간에 가 붙을 건가
충심껏 담력을 길러 올바르게 서야잖나

제3장
몸에 대한 해부

제2부 골육骨肉 등 속보기

| 시작 노트 |

— 내장에서 뼈와 살로 속과 겉을 두루 본다/ 피로 흘러 살피다가 기혈 속에 숨어들다/ 뉘 몰래 푹 빠져 봐도 오묘하기 그지없네/ 그래도 해부라니 아무래도 지나쳤어/ 주변만 빙빙 돌며 겉말만 하다 말고/ 속말은 듣지 못한 채 꽁무니를 내리누나

골〔腦〕

기억도 망각도 다 제 손 안에 있소이다
긴 역사를 만들다가 저 환상을 그리다가
세상사 삼라만상을 쥐락펴락하느니

그래 오늘 사는 일이 그 무슨 소용인지
그저 웃으면서 즐거이 지내라니
모르면 모르는 만큼 물음표야 늘더라도

창자〔腸子〕

십이지장 공장 회장 맹장 결장 직장까지
영양분을 잘 나누고 찌꺼기는 내보내며
뒷일을 도맡아서는 마무리를 짓는다

무엇이든 맡는 대로 군말 없이 해내기를
드러나지 않으면서 아름답게 꽃피워라
스스로 알아서 하는 그런 세상 꿈꾸면서

뼈〔骨〕

있다는 자체로도 온 그림이 그려진다
길거나 짧든 간에 얼기설기 이어진 것
그 얼개 몸 모양 따라 살 돋아라 피 돌아라

그러고도 아득히 먼 세월까지 넘어서서
원인류다 연인이다 온갖 사연 만들면서
때로는 뼈귀신 되어 야사 한 편 더 쓴다

살〔肉〕

뼈를 싸서 이루어진 부드러운 물질이여
발끝에서 머리까지 속살에서 살갗으로
어엿한 하나의 몸을 실로 지어내는가

궂은일도 마다않고 조용히 처리하여
일상의 사연들이 물 흐르듯 잘 풀릴 때
완성된 기쁨에 겨워 신바람에 휩싸인다

피〔血〕

산소를 공급하고 노폐물을 운반한다
병원체를 막아내며 온몸을 돌고 도니
세포들 살기에 바빠 눈코 뜰 새 없단다

돌고 돌다 만나지는 우연한 놀람처럼
풀죽은 가슴들을 뛰게 하는 때가 있다
재생을 꿈꾸는 자가 많을수록 좋은 게지

기氣

맨눈으로 볼 수 없는 에너지로 있으면서
양기 음기 위기 영기 여럿으로 불리면서
경락을 자유자재로 누벼대는 신통이여

보이지 않는 손이 생기를 주관하매
기죽였다 기 살렸다, 속절없이 당하다가
그 고얀 투명인간의 본마음을 되파본다

몸

— 에필로그

몸 하나를 해부한들 속속들이 알 수 있나
몇 부분을 쪼개설랑 변죽만 울렸을 뿐
세세한 이야기들은 두고두고 해도 못해

일부분도 파고들면 전체와 다 연관되고
장기마다 나름대로 온 몸체를 대표하니
허공이 몸 안에 앉아 천하인들 품잖으랴

제4장
선에 관한 탐구

제1부 서론, 〈기초편〉

| 시작 노트 |

— 주변에 뵈는 것이 다 선 아닌 게 없는 건지/ 그리하고 바라보면 선으로도 보이느니/ 무심코 지나온 걸음 야속한들 어이해/ 우리네 곁에서 늘 함께하고 있음인데/ 내가 나를 잊고 살듯 잊고 산 이웃에게/ 미안한 마음을 묶어 회개하듯 풀어볼까

서론緖論

이리 저리 긋다보면 오만상이 다 나온다
기하학을 넘어서는 묘한 뜻을 품고 있다
무언가 속 좀 풀어줄 단초 하나 캐 본다

선을 자꾸 줄여보면 한 점으로 들어가고
그 점 속을 항행하면 무한 우주 펼치는 등
화엄이 초끈*에 얽혀 진면목에 휩싸인다

* 초끈: '초끈이론'의 초끈(superstring)

직선

가장 빨리 가장 짧게 이을 수 있는 사이
군더더기 아예 없이 긴장으로 팽팽하다
속 텅 빈 왕대쪽 빛이 제 서슬에 더 푸르듯

난관에 처했을 땐 솔직함이 제격이다
이래저래 변명하면 야릇하게 더 꼬인다
잔가지 툭툭 칠 때야 외솔처럼 우뚝 서지

곡선

부드러이 굽었으니 모나지는 않은 모습
심지어 직선까지 포함하는 의미라니
난해한 수리 안으로 황희정승 납신다

안 되면 돌아가라 재충전이 필요하다
혹여나 좌고우면 역경으로 내몰릴 수
동정動靜을 잘 가려 타면 물길처럼 유장해

점선

점을 찍고 또 찍어서 이뤄진 줄 모양엔
빌듯 말듯 애태우는 무엇인가 숨어 있어
슬쩍이 속살을 들춰 알짜배길 훔친다

은점선銀點線 고운 무늬 폴락대는 표범나비*
익명이 판을 치는 요 현란한 이즘에서
호접몽 다시 되뇌며 현 경계를 살핀다

* 표범나비: 은점선표범나비

평행선

아무리 늘여 봐도 만날 수가 없는 서로
싫든 좋든 못 만나니 그런 천형 웬 말인가
공간을 벗어나면야 만날 수가 있잖을까

선의의 경쟁에는 함께 꽃을 필 수 있되
배려 않는 알력에는 싹수마저 노래지니
죌러*의 착시에 이어 오작교를 놓아주자

* 죌러: '죌러의 평행선'의 죌러(Zöller)

포물선拋物線

물체가 반원으로 떨어지는 자취랑은
중력이 가속도로 그려내는 작품이지
여염사閭閻事 핍진한 곳에 복음처럼 반짝이는

성모상의 어깨선엔 자비가 서려있고
불상의 어깨선엔 사랑이 물들듯이
길상사* 관음보살이 마리아가 되어 섰어

* 길상사: 1997년 법정스님이 서울 성북동에 세운 절

사선斜線

비스듬히 비낀 것은 여유 있는 자세로서
직각으로 아니 선 채 졸박미를 풍기느니
뉘 몰래 우러나오는 옛 토담집 같은 멋

슬프거나 우울할 때 빗금 하나씩 챙겨설랑
가슴 밭에 심어두면 토담마을 생길 테고
복사꽃 터지는 찰나 우수는 곧 사라지리

쌍곡선雙曲線

평면 위 두 점에서 거리의 차가 일정하게
양 나래가 포개지듯 저쪽에 선 이쪽이여
비추면 서로 비춰져 회광반조하느니

적막 속에 혈혈단신 뉘 없다고 설워 말게
거울에 들어있듯 반물질로 똑같이 있대
늘 함께 곁을 지켜온 그를 봐도 살아야지

動靜 / 산강

수채화

1970년

34cmX25cm

제4장
선에 관한 탐구

제2부 〈응용편〉, 췌언

| 시작 노트 |

— 이제 선을 화두삼아 이리저리 꿈꿔본다/ 보이거나 안 뵈거나 생각하면 하는 족족/ 거기에 맞추어설랑 안 되는 게 없으니/ 인간 세상 무정타고 슬퍼만도 하지 말며/ 그렇다고 착각하여 아는 양도 제발 말아/ 무한한 저 선의 세계를 언제 둘러보려고

공제선空際線

붙잡을 수 없으면서 엄연히 존재하는
사물들의 끝선 따라 나타나는 금 없는 금
무위로 디자인하는 공즉시색이랄까

하늘을 화폭 삼아 갖은 마술 다 부리며
천수千手로 허공을 이겨* 오병이어五餠二魚 빚어내는
노장老莊이 여래로 와서 무상, 무상이라니

* 이겨: 반죽하여, 치대어

지평선

대지大地가 죽 그어진 한일자에 막혀 선 게
언뜻 보면 높낮이로 차별하는 것 같지만
부부가 닮아가듯이 합일되는 통섭로通涉路야

가도 가도 저 아득히 물러서는 금단의 선을
멈춰 세워 부여잡고 하늘로 바로 넘어가서
천국을 잠시 빌려 와 이승으로 옮겨보자

능선稜線

몸들이 서로 안고 굽이굽이 누워 있다
이날에 오기까지 몸부림은 얼마더냐
무던히 뒤척대고야 일견 숨을 고른다

때로는 하늘 높이 빙설을 이고 서서
싼구름도 산안개도 발치 아래 지르밟고
아서라! 포효를 하며 한껏 몸을 젖힌다

수평선

아래로 흘러 흘러 끝내 물이 닿는 곳이
가장 낮은 바다인데 가히 하늘을 만나다니
그 접선 가뭇하여라, 다가갈 수 없는 거리

그래 우리 물이 되자, 물이 되어 흘러가자
바다에 다다라서 바닷물로 짙푸르면
짙푸른 하늘이 절로 한몸으로 맞비추리

휴전선

지구별에 남아 있는 하나뿐인 장벽이야
이순도 더 먹도록 여태까지 넘지 못해
두 쪽 난 이 나라 속이 피어린 채 울고 있어

아픔이 클수록에 낫고 나면 더 기쁠 것
쌓인 눈물 절절하여 장벽은 곧 헐릴 테고
마침내 155마일은 빛 빛으로 웅성대리

운평선雲平線*

현실보다 더 선명한 운해세계 저 끝에는
피다 만 절망들이 일어설 것만 같애
어차피 사라져 가얄 뜬구름의 삶이지만

이 땅 위 높이에로 모델세상 차려놓고
하루에도 자유자재 변용되는 모습이란
인연의 굴레에 따라 앞서 보는 미래랄까

* 운평선雲平線: 운해와 하늘이 맞닿은 선

사상事象의 지평선*

그 선을 넘어서면 빛보다 더 빨라진다
태양계의 애증일랑 해마에 흘려둔 채
경악할 블랙홀 길을 파동으로 질주하리

이제는 고향별로 돌아갈 중력이 없어
내친김에 웜홀 지나 화이트홀을 밟아보세
아무렴 호킹*의 설계 향수마저 달래줄까

* 사상의 지평선: 사건의 지평선(event horizon)

* 호킹: 스티븐 호킹(Stephen William Hawking)
영국의 천문학자·물리학자

로렌츠 곡선

소득은 소유의 딸, 불평등은 소유의 손녀
이 삼대三代는 숙명처럼 타원 안에 갇히었다
무소유 에덴동산이 사라져간 이유다

평등은 이상이며 직선의 그래프다
한 톨의 밥알이라도 골고루 나눈다면
영점 대 지니계수가 뜨건 눈물 안 흘릴까

췌언贅言

추억서린 교외선에 갸름한 턱선으로
관계나 혹 한계로 실루엣의 윤곽으로
아무리 대입해 봐도 선線의 해解가 안 풀려

그럼 선을 쌓고 쌓아 얼기설기 엮어볼까
사환四患이 다 뒤범벅된 매트릭스 펼쳐질라
은하 밖 무선에 태워 팽개쳐라 팽개쳐

제5장
길에 관한 편상片想

제1부 그대로의 길

| 시작 노트 |

— 세상에 고운 것은 그대로가 제격이다/ 걸음에 취하면서 가는 대로 닿는 대로/ 펼쳐진 그 모습만큼 더할 나위 뭐 있을까/ 그래 그려, 발길 따라 무작정 걸어보라/ 살다 지쳐 쌓인 번뇌 어느덧 스러지고/ 오롯이 그대 스스로 그대로가 고우리니

오솔길

세파 때에 절고 절은 겉옷 속곳 다 벗고서

잡내 스민 몸뚱어리 그마저도 벗어놓고

맨 처음
안착한 고향
자궁 속을 거닐거나

돌담길

고적孤寂이 툭툭 지고 무음들이 깨어나면
유년의 추억들이 모퉁이를 돌고 돌아
블랙홀
인력에 끌려
소실점만 남는 것

능소화 드리우고 호박넝쿨 덮이어도
토석담 그 골목이 왜 그리도 무료한지
담벼락
기대고 서서
꿈 그리던 몽상들

성벽 담이 높다 해도 단풍 들고 눈 내리면
묻어두던 정감들이 서럽도록 그리워서
예서 또
거닐어보는
그때 여느 발자취

고샅길

1

오래 묵힌 장독에서
풍겨오는 군둥내 속

멧 달래 진한 향기
된장찌개 그리움에

외할미
손 잡고설랑
담모퉁이 도는 것

2

간에 절인 돔배기살
얄쌍하게 썰어놓고

곰삭힌 홍어내음
코 찌르는 주막으로

머시기
거시기더러
한 잔하러 오라는 것

산행 길

생강꽃*은 터졌건만
이내 몸은 필둥말둥

돌아보니 지나온 길
저리 쌓여 꿈결인데

갈 길이
힘들거들랑
돌아 가끔 볼 일이다

* 생강꽃: 생강나무꽃

곁길

참, 무던히
속절없이
버려진 양 비치어도

피곤한
영혼들이
저도 몰래 새어들어

한동안
등짐을 벗고
쉬어가는 샘터 같애

자드락길

비탈져도 괜찮으이
솔면은 또 어떠리

잘 뵈지도 않거니와
디뎌봐야 맛을 아는

어느덧
구미 당기는
봄 도다리 쑥국 맛

둘레길 올레길

곁에서 우리네와 늘 스치던 이웃으로
자매같이 애틋한 말 형제처럼 미더운 정
알프스 낯선 이와도 스스럼없이 족통하며

영혼이 지친 이와 오랜 세월 벗이 되어
밟힐수록 다져지며 무던히도 지켜오다
이제는 제 이름 걸고 헛기침도 하는 것

강변길

혼자서는 낭만으로
둘이서는 인정으로

봄 여름 가을 겨울
사연 따라 물길 따라

언제든
찾고 싶은 곳
어릴 적 그 골목같이

고갯길

오르다가
힘이 부쳐
쉬어가던 깔딱고개

장보러
넘나들며
저어하던 서낭당고개

아라리
노랫가락에
애환 서린 아리랑고개

솔밭 길

괜스레 울적해지면 솔밭 길을 거닐어보라
황진에 절은 몸이 연꽃처럼 피어나서
스르르
죄업도 절로
씻은 듯이 맑아지리

솔밭 길을 들어서서 그 속내에 잠겨들면
먼 가등의 초롱꽃이 하나둘 피어나듯
지난날
괸 추억들이
한땀 한땀 수놓이리

북악산 산책길

하세월의 너, 북악아
다시 올라 마주하니

자락마다 서울 서울
편년체로 심은 정이

꽃마리
앙징한 걸로
참다못해 툭 터졌어

動靜 / 산강

수채화

1970년

34cmX25cm

제5장
길에 관한 편상片想

제2부 헤쳐보는 길

| 시작 노트 |

— 그럼 이제 우리 한번 새로 길을 헤쳐보세/ 길 아래 길이 있고 길 위에 길 있듯이/ 가고픈 서로의 길을 속 시원히 펼쳐보세/ 그 많은 길을 찾아 나선 이는 얼마이며/ 앞으로 가얄 길을 찾을 이는 또 얼말까/ 안락한 머묾의 현혹 짓밟고서 어여 가라

길

내 처음 밟는 길을 다녀간 이 누구인가

뒤 따라 이 길 다시 밟을 자는 누구인가

길 밖의 길을 찾아서 가는 그는 또 누군가

꿈길

산 건지 죽은 건지 아리송한 꿈밭에서
간 쓸개 죄 내놓고 마음마저 내어놓고
텅텅 빈
껍데기라도
어디로든 달리고파

거기 마구 달릴 때는 그대로가 제격이지
못다 이룬 포원일랑 다 펼칠 수 있어 좋아
그 비록
꿈일지언정
살아볼 만하잖은가

철길

저 멀리서 실려 오는 그 소식이 궁금하다

아마도 오랫동안 기다리던 편지리라

뜯지를 차마 못하여 유년 속에 묻을 거다

눈길〔雪路〕

멀리서
개 짖으니

적막이
곁에 와서

난분분 내릴 적에
그예 바로 촉이 튼대

오만 것
다 지우고서
늘 순정을 틔우라네

밤길

아무리 컴컴해도 대낮처럼 쏘다니던
먹구름 그믐밤도 예전에는 일없었어
눈 밝은
밤눈을 따로
덤으로 더 가졌으니

가등 밑을 지날 때도 안쓰러운 이즘에는
달별마저 숨은 밤엔 옴짝달싹 할 수 없어
두 눈을
번히 뜨고도
한 치 앞을 못 보느니

비단길

세월을
넘어서서
아직까지 찾아간다

거리를
뛰어넘어
여태껏 기다린다

풀어질
꿈 보따리에
지금에도 설렌다

자국 길

세상에는 정반대인 자국 길을 볼 수 있다

하나는 향기롭고
하나는 비릿하다

같은 건
흔적 안 남기는 것

성금 대비
뇌물처럼

미립자의 길

우리의 지구별이 해 주위를 돌고 돌듯
전자는 핵 주위를 하염없이 돌고 돈다
그 작은 세계 속에도 윤회란 게 있는가 봐

돌리는지 도는 건지 알 수 없는 화둘 놓고
맨눈으로 볼 수 없는 소립자와 마주한다
비경이 좍 펼쳐지는 현미경 안 별천지여

뱃길

보이지도 않건마는
보이는 듯 잘도 간다

가는 족족 드러나다
금세 다시 사라진다

알면서
내색도 않고
허공같이 노닌다

날선 길

폐결핵이 아니어도
핏덩이를 뱉어내고

근위축증이 아니어도
힘살이 물어지니

각혈에
퇴화도 않은 채

날선 길을 어이 가리

우주의 길

태양계를 넘어서면 은하수를 만날 거다
건너 뛰어 가다보면 무수한 하늘, 하늘
마음의 망원경 켜면 어디엔들 못 가리

대폭발과 대수축이 거듭되는 우주라면
상상을 벗어나고 시공까지 초월할 것
처음도 끝도 없는 길 어이해야 다 찾으리

빗길

희미한 기억에서
꺼내보는 낭만이나

들이닥친 장림長霖 숲을
헤쳐 가는 일들까지

비온 뒤
더 굳어지는

길 위에 핀 예화例話란다

발길

어떨 때는 발이 그냥 가는 대로 따라가되

너무 오래 아니 가면 인정 없다 하거니와

그래도
찰 때는 차야
제 구실을 한달까

눈길〔視線〕

그윽하면 사랑이요
매서우면 퍼런 서슬

따뜻하면 준다는 뜻
바로 보면 진솔한 것

행불행
어떤 상황도
그 안에 다 있을 수

| 평설 |

산강 시조 내용과 律格의 相補的 律呂精神

| 작품평설 |

산강 시조 내용과 律格의 相補的 律呂精神

— 山堈 金洛琦 시조집 『몸·선·길에 관한 담론』

石蘭史 이수화

(국제PEN한국본부·한국문인협회 원임부이사장/한국문학비평가협회 회장)

이 시조집 『몸·선·길에 관한 담론』은 산강 김락기山堈 金洛琦('산강'은 아호) 시조시인의 일곱 번째 창작집 상재다. 그의 줄기차게 걸어온 영육靈肉의 현현상顯現相이 손에 잡힐 듯 선연한 한국 전통시 율려정신律呂精神 그 파천황破天荒의 구현세계다.

본서本書(산강 시조집/ 제7작품집/ 『삼라만상』시리즈④)의 시세계를 응축해보이는 총체적 각 부의 메타텍스트는 다음과 같다. 평설문과의 중첩을 피해 각 부별 메타텍스트를 평설순서에 따라보면, 전 5장으로 구성되어 있는데 제1장 〈시조 월령가〉, 제2장 〈얼굴 해부〉, 제3장 〈몸에 대한 해부〉, 제4장 〈선에 관한 연구〉, 제5장 〈길에 관한 편상〉으로 되어 있다. 일견 광대무변한 서사담론을 연상시켜주지만 이는 이 시조인(산강 김락기)의 호한 장려한 시언지詩言志의 표상이며, 실상 그 내용과 율격律格의 상보적相補的 율려정신의 이상태理想態를 이룬 것으로서 곧 내용과 율격의 상동성相同

性 미학에 이른다.

이 상보적 율려상律呂相은 시조 특유의 응축과 발화의 간결성에 힘입어 우화일로羽化一路의 담론談論에 복무하고 있는 것이다.

본론에 들어가기 전에 율려律呂란 무엇인가. 국역 『율려신서律呂新書(민속원, 2005년)』에 율생오성도律生五聲圖가 보인다. 그 본원이 음악에 있다.

> 상고하건대, 황종의 수는 9×9=81이다.(주註: 황종黃鐘은 십이율十二律의 하나인 양률陽律이다. 대금大笒의 첫째 구멍과 넷째 구멍을 떼고, 그밖의 구멍을 막고 낮게 불 때 나는 소리) 이것은 5성의 근본이고, 삼분손일하여 하생하면 치徵가 된다. 치를 삼분익일하여 상생하면 상商이 된다. 상을 삼분손일하여 하생하면 우羽가 되고 우를 삼분익일하여 상생하면 각角이 된다. 각에 이르면 소리의 수가 64가 되어 삼분의 하나가 다하지 못한 것을 계산할 수 없다. 이 소리의 수는 5에서 끝나는 것이다. 혹자가 말하기를 '이 황종을, 균均성聲의 수로 하고, 다른 율은 그렇지 않아 본율의 실實에 다 두어 9×9로 인하여 삼분손익하여 5성이 된다. 다시 또 본율의 실을 나누면 궁宮은 진실로 81이고, 상은 또한 72이고 각은 64이고 치는 54이며 우는 48이다.'
>
> ─「율생오성도」 중에서

이건 꽤 장황하고, 이 때문에 율려를 리듬(생체 리듬)으로 번안하고 이후 음악 정신으로 율려정신을 몰아오고 있다. 그러나 율려정신은 음악 정신만이 아니다. 궁상각치우 5음과 이 5음의 실체인

여呂가 여합부절如合符節이 된 율려(리듬)인 것이다. 이때의 율려(리듬)란 어디서 온 것인가. 천상天上에 있는 태을천太乙天이라.

영원히 움직이지 않고 그 자리에 있는 북극성北極星(북두칠성의 모성母星)이 있는 데다. 북두칠성은 불교에서 수용하여 북극성여래如來로 인격화했는 바, 이 북극성여래(일명 청도 운문사 괘도에 치성광여래熾盛光如來로 화도畵圖되어 있음)는 대우주, 생명의 핵, 광명, 조화, 신성의 핵核을 음양의 언어로 율려라 한다. 이걸 대개 음악의 율동, 리듬이라 해서 삼라만상 만물을 움직이게 하는 양陽의 생명 율律이라 하고, 본래의 우주 생명의식으로 영원불멸의 생명의 마음, 평화의 마음으로 여합부절如合符節의 일체의식을 갖게 해주는 진정한 깨달음(禪선)을 여呂라 하여 율동여정律動呂靜이라 한다.

한 마디로 율律은 하늘의 태양과 같은 생명의 핵核이고, 여呂는 그 핵의 몸으로서 여합부절의 움직임이 율려律呂인 것이다.

그렇다면 내가 여기 산강 시조의 내용과 율격의 여합부절, 그 상보성의 율동여정이라 명제화하는, 우주 생명의 고요하게 움직이는 훔치의식은 삼라만상 최고의 만트라(Mantra, 呪文주문, 詩시)인 것이다.

이제 그 한 해 동안의 다달이로 깨치는 제1장 '시조 월령가 — 닭과 함께한 열두 달' 노래를 먼저 들어본다.

여기엔 「自序」가 선행先行한다.

나의 길은 되는 대로 그은 선 천지구나

얼굴도 몸뚱이도 회한 서린 자욱 자욱

언제나
길다운 길에
차만 선을 그을까

이 한 편의 단시조에는 몸과 얼굴, 선과 길이 다 들어 있다. 이 책 전체 내용을 겸양스레 슬며시 내보이고 있다. 이 자서를 수놓은 3장 시조 종장 3분절 시조엔 놀랍게도 율과 여합부절의 회한을 자성自省하는 회한, 즉 심기일전의 고요한 새 출발의 함묵적 의지가 서렸다. 특히 종장 3분행에 두서된 삼전어三轉語 '언제나' 때문에, 그 강세를 위해 분할 두서한 뜻대로, 이는 화자의 이제까지의 생체험의 일신을 위한 내밀한 의지와 율律의 강세적 분할 전환을 위한 독립 3장 첫째 보격步格의 절대무이한 독보적 창출의 상보적 출산인 셈이다. 이 한 마디가 실은 이 시조집 전체의 자성적 반성 어조와 거칠 것 없이 헤쳐 나가겠다는 절차탁마의 산강시조山堈時調만의 욕망이 서려 있는 것이다.

이 자성과 의지의 표상이 다음과 같은 단시조 일수一首다. 자서의 시인다운 알리바이가 감동스럽다.

丁酉年 붉은 닭띠 내 님의 환갑이라
평생지기 그대 모습 요즘에사 언뜻 보니
속주름 맺힌 사연이 이내 몸을 적시네

—「자서」 중에서

붉은 해 솟는 산정에서 환갑에 이른 평생지기 그 모습처럼 서기

로운 반려를 위한 감회로운 서시는, 내가 율려律呂를 남녀음양〔陰陽凹凸〕이 전부인 시계 속 요철(凹凸)을 여합부절이라 해서 크게 틀리지 않듯 그러한 율려의 비의秘儀에 다름 아니다. 이 삼라만상 부부의 부창부수처럼 상보적인 생산원리가 또 어디 있는가. 이 서시序詩는 산강 시조의 생산 원리에 대한 시인의 자복自服의 헌가獻歌이다.

이래서 또 '해오름달'의 다짐이 이어진다.

> 꽁꽁 언 누리지만 새해는 새해로다
> 얼음장 틈 사이로 새벽빛을 기다리며
> 간직한 알을 고른다 한 톨 씨를 품는다
>
> —「다짐- 해오름달」 전문

예시는 3장 평시조(단시조) 종장에 삼전어 '간직한'이라는 시즈러(Caesura)를 —행두에 배치하는 기본 시즈러로— 중장 행말(4음보, 4소절)에서 파격으로 종장 행두로 이전하였다. 얼음장 틈 사이로 스며드는 새벽빛을 기다리는 여망이 어찌나 귀한 것이었으면, 그 빛을 기다리고 또 알을 고르는 일이었으면, 저렇듯 중장의 뜻과 종장의 뜻을 칼로 썰듯 베어 나누지 않고, 상보적 뉘앙스를 보이는 시즈러(앞 뒤 문장 상보적 연결어)를 활용하였을까. 그 통사적 확장 솜씨는 산강 시조만의 파격에서 오는 것이라 하겠다. 이 또한 율律이 햇살을 수직으로 내리는 듯하지만 그처럼 음양의 법칙에선 앞과 뒤(문장의 선후), 중장과 종장의 여합부절의 비의秘儀로 시즈러 양식을 도모하고 있는 것이다.

저도 몰래 눈 뜨이니 박명薄明이 곧 오나보다
길모퉁이 볕뉘마다 따지기 몸 풀리며
겉에서 안에서 쪼니 알껍데기 막 깨진다

—「깨침- 물오름달」 전문

예시의 종장 '겉에서 안에서 쪼니 알껍데기 막 깨진다'는 말은 앞서 다달이 읊은 이 시조월령가 닭의 1년 중 산란, 포란과 태교에 이어 줄탁에 이르렀다는 거다. '줄탁'이란 위 종장의 어절처럼 닭은 알을 깔 때, 새끼와 어미닭이 안팎에서 알을 부리로 쫀다는 말이다. 그래야 알의 내용물인 병아리를 밖으로 드러나게 한다. 명실상부한 부창부수다. 율려, 여합부절의 율려훔치 정신, 즉 율려의 상보성이 형이하학적 실체에서 발현되는 순간인 것이다. 닭이 알을 배는 것은 음양합일의 상보적 형이상학적 현현이지만 그 줄탁은 형이하학적 발현이다. 율동여정律動呂靜의 상보적 현상학에 다름 아니다.

다음과 같은 산강 시조의 삼라만상이 여여如如함이란 바로 율려정신의 도정이겠다.

저리 맑은 저 허공은 참 잘 익은 속정인가
이슬마저 익고 익어 석류 알로 탁 터지면
서슬이 닭 볏에 번져 제법 붉게 물든다

—「익음- 열매달」 전문

이 산강 시조의 미학은 참으로 적확무비하다. 저 참 잘 익은 허공이 불러일으키는 감정과 이슬마저 익고 익어 석류 알로 터져 허공에 번지듯 닭 볏에 붉게 물드는 걸 보듯, 그렇게 미묘한 감정 — 율려 현상이다. 저 맑은 허공이 이슬로 익어서 석류 알로 탁 터지면 그 서슬이 닭 볏에 번져 붉게 물든다는 율동여정〔動靜〕! 눈에 보이지 않게 율律하고, 보이지 않게 여呂한, 즉 닭 벼슬이 석류 알로 이슬이 익고 익어 터지는 것과 같이, 삼라만상 생명의 동시성, 상동성相同性을 이 산강 시조는 갈파하고 있는 것이다.

이어, 닭의 생체리듬〔律呂〕에서 일 년 열두 달의 시월상달을 산강 시조(김락기 시조)는 「이룸- 하늘연달」로 형상화하고 있다.

> 화려함의 극치랄까 넉넉하니 더 곱구나
> 달도 차서 두리둥실 오방색이 넘치는데
> 흘레질 한 막 펼치고 날갯죽지 퍼덕인다
>
> —「이룸- 하늘연달」 전문

우선 이색적인 표상어가 '흘레질'이다. 성적 교합어인 비속어가 이 '흘레붙다'는 흘레질인데, 산강은 여기서 삼전어로 적재적소에 최 적절히 기용하였다. 이 삼전어 한 마디로 이 시조는 명마가 날개를 단 듯 우화등선격이 되었다. 산강은 이와 더불어 '것'을 '거'로 기사하는 식으로 구어체口語體 표현에 능사를 보인다. 엘리엇(T.S.Eliot)이나 에즈라 파운드(Ezra Pound)처럼 구어체 가락이나 표상성 도모에 있어서 이 회화체會話體 구현은 시인의 개성미를 살리는 묘수에 값한다고 하겠다. 예시 종장 '흘레질 한 막 펼치고 날갯죽지 퍼덕인다'는 표상은 얼마나 극적인가.

율律과 여呂의 한바탕 적확무비한 상보성의 홈치가락 그 절창絶唱이다.

산강 김락기의 연작 시조『몸·선·길에 관한 담론』제2장 '얼굴 해부'를 읽는다. 여기에는 제1부 '얼굴 살피기'에서 단시조〈얼굴- 始〉를 비롯해 귀, 눈, 입, 코, 얼굴- 종終 등 사람의 얼굴 각 부위를 형상화하고 있으며, 제2부 '안목眼目 넓히기'에서는 눈(目, 眼)에 대한 단시조 9편을 다양한 시각에서 읊조리고 있다.

먼저「얼굴- 始」를 본다.

> 오만상을 나타내는 네 속내를 뉘 모르랴
> 귀신도 너 없으면 종잡을 수 없는 거라
> 그런 널 마구 다루는 마음 놈이 문제지
>
> —「얼굴- 始」전문

중언하지만 산강 시조는 특유의 구어체 활용이 활발한 평시조(단시조)다. 형식, 형태는 앞에 상술한 바와 같이 동어반복은 않는다. 종장 제3음보(제3소절) '마음 놈이'가 이 시조에서처럼 문제다. 여기서는 세상 사람들이 사람의 '마음'을 마구 다루어 '마음 놈이'라고까지 하대해 다룬다는 것이 문제라는 화자. 그는 사람 마음, 인심人心을 문제 삼고 있는 듯하다. 인심이란 동양철학의 하고많은 심서心書로부터 오늘날 서양 심리학에 이르기까지 그 본질과 기능에 따른 숱한 학설이 있지만, 예시의 '마음 놈이'란 얼굴의 오만상을 다 만들어내는 실체로서의 그 마음을 아이러니하게 그린 듯하다.

어쨌든 본시 마음이란 율려의 견지로 보면 우주를 가리킨다. 율려심律呂心이란 말이다. 그래서 삼라만상 모든 생명 존재의 율려심은 율의 지향성에 따라 그렇게 되어지는 원리인 것 같다. 그러니 그렇게 되지 않고 그렇듯이 묘존妙存하는 마음이 '마음 놈이'다. 그래서 세상인심이 마구 다를 수밖에 .

다음은 3개 연으로 분행한 단시조들로서 행두 넘버는 평설용이다.

① 적막 속에
묻혀보라
소리 엄청 들릴 거다

잊혀졌던
소리들이
네 가슴을 울릴 거다

살다가
귀도 씻게나
버릴 놈도 있을 거다

—「귀〔耳〕」 전문

② 마음의 거울이라
흔히 그리 말들 한다

기껏해야
네 신세가
대리代理에나 머무는가

감고도
훤히 다 보는
그놈 눈을 내놓아라

—「눈〔目〕」 전문

③ 천 냥 빚을 갚거니와
천리도 가는 말인지라

말이 되레 많아지면
먹는 입이 화근이 돼

식언을
적게 할수록
입 무건 놈이라잖아

—「입〔口〕」 전문

예시 이耳, 목目, 구口 병렬에서 '비鼻'를 제외한 것은 미식가인 산강의 시조에 본래 없어서가 아니라 식도락도 코鼻(취각)로(마음으로) 보는 존재라서 예시 ②와의 중첩을 피한 때문이다.

어쨌든 병치한 예시 ①은 각 3행 처리한 초·중장에 보이듯 이명耳鳴을 일으키는 중병 상태로서 사람을 미치게도 만들거나 혹은 자연 음향소리에 취하여 가슴을 저미게 된다. 종장은 귀도 씻어야 하는, 그것도 맑은 물에 씻고 살아야 하는 선禪의 경지를 지향하는 4개 음절 속 경구가 창출되고 있다. 초·중장 각 4개 음절의 병적 지향성과 종장의 선적禪的 경구는 서로 상동성의 차원으로, 즉 마음가짐(일체유심조)에 달린 것으로 보면 우리 인간의 생존 조건인 사회성에 값하는 존재에 다름없다.

예시 ②는 눈〔目〕의 형이상학인 '마음'의 역할이다. 제2연 '대리代理' 신세라고 화자가 타매하고 있는 것은 상상력의 연상적聯想的 생산활동을 저평가한 것이거나 반어적 설의적 표현이며, 본다는 것의 눈의 현상학적 몰입沒入의 기능은 깊이 있게 천착하면 철학과 예술의 길에 들어서는 눈과 마음〔心眼〕의 상동성이 극대화되기도 한다. 그런데 종장에 이르러 '감고도/ 훤히 다 보는/ 그놈 눈을 내놓아라'고 호통치는 것은 이 시조가 선시와 100%의 유사성에 도달해 있기 때문이다.

예시 ③의 입〔口〕은 여러 말이 따르지 않아도 한 인간의 형이상학과 형이하학 전부를, 그러니까 한 생애를 건 존재를 형언한다. 종장 3행의 시적 언술의 새타이어(Satire)는 그 언사와 율격의 부동적不同的 아우라(Aura)로 인해 이 종장 말행 끝 5음절 '놈이라잖아'의 기용은 다른 텍스트의 마이너리티 음절과 동가同價로 판단된다. 그리고 그 의미론적 새타이어 가치는 이 라인 전체를 '과묵寡默한 놈이라잖아'로 바꿔놓았어도 그 가치는 '입 무건'이라고 한 삼전어의 한글 전용이 훨씬 능가하는 것이라고 본다.

이제 제3장 '몸에 대한 해부'로 넘어간다.

제1부 '장부 속보기'는 판소리조 아니리로 '시작 노트'를 2수 1편의 연시조로 말하고, 몸 전체에 대한 프롤로그와 인체 장부 6개 부위를 2수씩 1편의 연시조에 각각 담았다. 먼저 프롤로그의 내용을 보면 이 사람의 몸속에는 장기臟器만 들어있는 것이 아니고 마음의 온갖(불경은 8만 가지) 유심조唯心造를 다 포용하고 있다는 것이다. 결코 작다고 말할 수 없는 우주를 사람의 장기(몸속 전체)는 생성한다는 것이 동양의학(한방)은, 아니 산강 시조山堈時調는 설파하고 있다. 대체로 율격律格과 상보적이다.

첫 두 수에 염통〔心臟〕을 인체의 왕좌에 놓고 사람의 일생(100년)을 쉬지 않고 다스린다는, 아주 사람의 정신(마음)을 아우르는 권위적인 존재로 묘파한 제1수와 우리를 일과 후 일배주一盃酒로 유혹하는 바를 숙연히도 문맥화하고 있는 제2수가 매우 암시적 언술로 표상화되고 있다.

임금의 자리에서 생명을 다루나니
가히 그 권위는 정신마저 아우르고
잠시도 쉬지를 않고 한 백년은 다스린다

그 오직 한 길만이 제 가야할 몫이라고
평생을 하루 같이 일을 하는 모습에서
저물녘 그림자 뒤로 숙연히도 배어들고

—「염통〔心臟〕」 전문

이와 같이 둘째 수 후 말련의 주석酒席으로의 지향감 암시는 시조의 표현 그대로 우리 마음도 숙연케 하는 레토릭(Rhetoric)이다. 그리고 율격에 기여하는 산강 시조의 상보적 레토릭은 보는 바와 같이 우리말의 구어체 가락을 활발하게 진작시켜주는 산강 시조의 특징적 요소로 창조되고 있음을 발견한다. 1수의 '쉬지를 않고', 2수의 '하루 같이'가 그것이다.

다음 간〔肝臟〕에 대한 표상은 적절하고, 밥통〔胃臟〕 또한 적정한 표상 이미저리의 조사적 언어 직조이며 허파〔肺臟〕의 둘째 수는 그 페이소스가 감동적이다. 남녀가 뜨겁게 사랑할 수 있게 한다는 콩팥〔腎臟〕에 이은 쓸개〔膽囊〕가 바로 줏대없는 인간을 비유하는 장기인데 그곳에도 인간이 인간다운 결단력, 올바른 처신의 노하우가 가득한 시적 아포리즘이 충만해 있음을 본다.

자그마한 가지 같은 주머니에, 그 쓸개즙
지방분해 소화촉진 세균억제 다하면서
정확히 평형을 잡는 결단력을 보인다

쓸개 빠진 사람 같이 오줄없는 자도 없다
쓸개에 가 붙었다가 간에 가 붙을 건가
충심껏 담력을 길러 올바르게 서야잖나

—「쓸개〔膽囊〕」 전문

이 두 번째 수 후 말행의 화자 충고는 시인(산강)의 말인지 화자의 말인지 그 경계지우기를 분별키 어려울 만큼 세련되어 있다.

다음은 제3장 제2부 '골육骨肉 등 속보기'에 몸의 6개 부류와 에필로그로 2수씩 각 1편의 연시조가 전개된다. 첫 두 수가 골〔腦〕, 브레인(Brain)이다. 그 귀중하고도 유가치한 존재의 상찬과 불만을 둘째 수엔 여운으로 남기고 있다. 여섯 째 편에는 성리학의 기氣와 같은 형이상학도 있다.

맨눈으로 볼 수 없는 에너지로 있으면서
양기 음기 위기 영기 여럿으로 불리면서
경락을 자유자재로 누벼대는 신통이여

보이지 않는 손이 생기를 주관하매
기죽였다 기 살렸다, 속절없이 당하다가
그 고얀 투명인간의 본마음을 되파본다

—「기氣」 전문

이미 예시 1수와 2수에 잘 표상되어 있듯이 기氣란 순자荀子가 유가와 도가의 사상을 종합했다. 자연과 사회현상이 모두 기로 구성되고 기로 통일되어 있어서 기가 없으면 아주 단순한 사물조차도 생길 수 없다고 했다. 인간이 인간된 까닭은 생명과 지능뿐만 아니라 의로움이라는 사회도덕을 가지고 있기 때문이라는 것이다. 이 세상 삼라만상이 모두 기로 되어 있으니 물리적으로, 물질로 된 것이 기라고 한다는 것이다. 다른 말로 원기元氣가 그것이다. 산강 시조의 내용과 율격의 상보성에서 그 율려의 율律이 움직이게 하는 원기이고, 그 움직이는 여呂가 바로 기氣로 이루어진

물질인 것이다.

그 사례事例인 몸(사람의)을 이 장章에서 에필로그로 노래하고 있다.

> 몸 하나를 해부한들 속속들이 알 수 있나
> 몇 부분만 쪼개설랑 변죽만 울렸을 뿐
> 세세한 이야기들은 두고두고 해도 못해
>
> 일부분도 파고들면 전체와 다 연관되고
> 장기마다 나름대로 온 몸체를 대표하니
> 허공이 몸 안에 앉아 천하인들 품잖으랴
>
> —「몸- 에필로그」 전문

이처럼 산강 김락기 시조시인은 기氣가 율려의 상보적 주된 요소임을 예시 둘째 수 종장에 분명하게 표명해놓고 있는 것이다. 허공이, 즉 기氣가 몸 안에 앉아 천하를 품는다는 언사가 바로 기, 즉 율려〔律動呂靜〕가 천하로 표상한 산강 시조를 상보성의 미학으로 완성하고 있다는 것이다. 이는 좀 더 직핍한 말로 지적하면, 하늘의 햇살(빛살)이 그 편광片光 하나하나를 잘게 썰어서 나누어 볼 수는 없지만 그것들이 쏴아 쏟아져 내릴 때 그 소리없는 햇살의 쏟아져내림을 우리는 율律이라 하고 그 햇살 전체를 우리는 여呂라 하는 것이다. 그것이 여합부절이고 율동여정이며 요철(凹凸)교합에 음양 동체의 불이사상不二思想이다.

이 사상으로부터 아름다운 산강 시조의 내용과 율격의 상보적 미학이 창출되고 있다는 사실을 다시 한 번 강조해 두면서 제4장의 '선線'으로 넘어가 보자.

제4장 '선에 관한 탐구'는 2수 1편씩의 연시조로 전장前章과 동일한 형식이나, 온갖 기하학적 전문 용어와 선의 원리에 대한 시적 메타포(Metaphor)는 긴 숙고를 요할 내용들이다. 제1부 '서론, 기초편'과 제2부 '응용편, 췌언'으로 나누어 총 15가지의 선과 서론 및 췌언에 대한 창작 시조다. 천문우주나 경제학 관련 내용까지 시작 제재에 제한이 없다. 산강 시조의 묘미다.

다음에 병치 예시하는 작품들의 행두 넘버는 평설용이다.

① 부드러이 굽었으니 모나지는 않은 모습
심지어 직선까지 포함하는 의미라니
난해한 수리 안으로 황희정승 납신다

안 되면 돌아가라 재충전이 필요하다
혹여나 좌고우면 역경으로 내몰릴 수
동정動靜을 잘 가려타면 물길처럼 유장해

—「곡선」 전문

② 점을 찍고 또 찍어서 이뤄진 줄 모양엔
빌듯 말듯 애태우는 무엇인가 숨어 있어
슬쩍이 속살을 들춰 알짜배길 훔친다

은점선銀點線 고운 무늬 폴락대는 표범나비
익명이 판을 치는 요 현란한 이즘에서
호접몽 다시 되뇌며 현 경계를 살핀다

—「점선」 전문

③ 몸들이 서로 안고 굽이굽이 누워 있다
이날에 오기까지 몸부림은 얼마더냐
무던히 뒤척대고야 일견 숨을 고른다

때로는 하늘 높이 빙설을 이고 서서
쌘구름도 산안개도 발치 아래 지르밟고
아서라! 포효를 하며 한껏 몸을 젖힌다

—「능선」 전문

예시 ①, ②, ③은 산강 시조 '선에 관한 탐구' 중에서 그 시조 내용과 율격의 상보적 율려의 미학에 유념하였다.

예시 ①은 곡선曲線의 응결에는 점으로 응축하는 가역 반응으로 심지어 직선까지 늘어나는 그 팽팽한 긴장감의 율려를 간직한다. 상징이다. 이 팽팽히 늘어난 직선과 응축하는 점과의 이완 속에서 율려는 궁상각치우宮商角徵羽로 음률이 발생할 때 그 음률의

발생을 율동여정, 즉 율려가 탄주彈奏되는 것이다. 제2수 첫 음절 삼전어 중 '동정動靜'이 그것으로 바이올린이나 가야금 줄의 탄주시 바이브레이션(Vibration, 농현弄絃)도 이때 발현된다.

곡선은 이래서 얼마든지 황희정승처럼 난해한 수리 따위에 얽매이지 않고 활연대오 사태를 헤쳐나갈 수 있는 것이다. 곡선(律動呂靜의 미학)의 율려미律呂美다. 제2수 종장 '동정動靜(율동여정)(움직이고 쉬고)을' 잘 가려타면 그 삶은 물길처럼 유장해진다.

②의 점선點線은 표범나비에 아로새겨진 은점선銀點線의 원상原像이다. 이 세상 가장 조용한 율동여정〔律呂〕의 존재론이다. 나비의 율려 생명은 그 동정에서 발생한다. 나비가 범종 위에 앉아 잠든 모습이 정靜이라면 종치기가 와서 꽝하고 시간을 알리면 나비는 놀라지도 않고 날아오른다. 그 범종의 광물질 소리에 놀라 나비가 날아오르는 것이 아니라 종치기가 꽝하고 울린 범종 소리와 나비의 날아오름은 서로 상동성相同性을 갖는다. 자는 듯 생명이 멈춘 듯 소리가 없던 범종이 종치기의 꽝하고 치는 순간 생명처럼 종소리를 내고 그와 함께 잠잤던 나비의 상동성도 깨어나 생명처럼 날아오른다. 율려(律動呂靜, 범종과 나비가 쉬었다 움직이다 하는 相同性)인 것이다.

율려의 미학은 이렇게 상보적相補的 상동성으로 무생물에서 식물, 동물로 마침내 삼라만상을 아우르는 율려미로 스며있다. 점선이든 직선이든 이 율려의 조화造化(Creation)로 빚어진다.

예시 ③은 높은 산정에서 보이는 산릉선 모습들을 인생에 빗대어 의인화한 작품으로서 여기에 능선稜線은 첫째 수가 무덤을 표상한다. 첫째 수 초장처럼 몸들이 서로 안고 굽이굽이 누워 이날

이 올 때까지 무던히도 뒤척대던 몸부림은 얼마더냐. 회한 속에 율려의 여몸인 육체는 이제 고요히 주검의 무덤 속에 잠드는 것이다. 그리하여 줄째 수에 보이듯 '쌘구름도 산안개도 발치 아래 지르밟고' 있는 무덤들의 능선陵線인 것이다. 포효를 하면 한껏 무덤 속 시신은 몸을 젖히지만 '아서라!' 이 삼전어처럼 죽음이라는 영원한 안식을 추수하는 것이다.

그리고 이승에서도 간절히 그리운 것은 사람 사는 길이다. 그것도 '고샅길' 이다.

1

오래 묵힌 장독에서
풍겨오는 군둥내 속

멧 달래 진한 향기
된장찌개 그리움에

외할미
손 잡고설랑
담모퉁이 도는 것

2

간에 절인 돔배기살
얄쌍하게 썰어놓고

곰삭힌 홍어내음
코 찌르는 주막으로

머시기
거시기더러
한 잔하러 오라는 것

—「고샅길」 전문

'한 잔하러 오라는 것'이 고샅길이라. 고샅길은 이렇게 저승에서도 윤몰淪沒(죄에 빠짐)하지 않으면, 바로 이 고샅길에서 그리운 외할미를 손잡아 보는 일이다. '외할미'라는 삼전어는 이 종장 첫 음절 자리에서처럼 생사불이生死不二의 초월어超越語다. 삼전어의 세 마디 음절 맞추기 축조어지만 창조적 시어詩語다. 시선불이詩禪不二의 불립문자 그 선어禪語인 것이다. 위 예시 제1수는 사람이 저승살이 할 때 그 윤몰에 빠져 아주 죽지 않으려는 이승의 외할미 손잡기가 그리워질 때의 일이라면, 제2수는 잠시 이승으로 돌아와 옛 친구를 불러 한 잔하는 윤몰 극복상이다.

이제 영가靈駕는 윤회전생의 본도本道에 진입하는 것이다. 고샅길은 이렇게 상징의 숲새길이다. 이제 우리는 이승에서 정 쌓은 고샅길을 저승 초입 길에서 정답게 재회하는 초월 세계의 율동여정 길에 나서 보았다. '길'이란 결국,

세파 때에 절고 절은 겉옷 속곳 다 벗고서

잡내 스민 몸뚱어리 그마저도 벗어놓고

맨 처음
안착한 고향
자궁 속을 거닐거나

— 라고 하는 것이다. 「오솔길」 전문이다. 자궁子宮은 포궁胞宮이니 아기집으로 율려의 여呂가 들어앉아 자라서 마침내 궁상각치우의 궁宮의 자리에 등극해 5음의 리더가 되는 것이다. 위 시조 종장 끝 음절 자궁 속을 거닌다는 사실이 그것을 상징한다. 이렇게 우리 인간에게 길〔道〕이란 저 도가도비상도道可道非常道의 철학처럼 우리 삶에, 인간의 길에 율동여정의 율려로, 생명의 핵核으로, 그 핵의 육체 여呂로 현현顯現해온다.

제5장 '길에 관한 편상片想'은 제1부와 제2부에서 각각 11개와 14개의 길에 대하여 착안했다. 구체적 실제계와 추상적 상상계, 미시세계와 거시세계 등 여러 영역을 넘나들며 단시조 또는 연시조로 그려냈다. 물론 율려가 함께 했다.

이쯤에서 잠시 방향을 제4장 '선'으로 되돌린다. '초끈이론'에 그 서양의 물리학적 해명이 선행하고 있음을 본다. 산강 시조 '서론緖論'부터 읽고 '초끈이론(Superstring)'의 시조가 탄생한 그 물리적 현상에 상도하겠다.

이리 저리 긋다보면 오만상이 다 나온다
기하학을 넘어서는 묘한 뜻을 품고 있다
무언가 속 좀 풀어줄 단초 하나 캐본다

선을 자꾸 줄여보면 한 점으로 들어가고
그 점 속을 항행하면 무한 우주 펼치는 등
화엄이 초끈에 얽혀 진면목에 휩싸인다

—「서론緖論」 전문

이 시조는 우주의 생명률인 율려 정신의 오묘함을 제1수에 적고, 그것이 화엄華嚴, 만유를 포월하는 율려정신이 초끈이론과 잘 부합되고 있음을 읊고 있다. 초끈이론에 들어가 본다. 이는 '끈(Superstring)'에 관한 세계적인 물리학자 마치오 가쿠의 『평행우주』에서 발췌, 소개한 「만물의 이론(Theory of everything)」 가운데 한 대목이다.

초끈(Superstring)이란 우주를 이루고 있는 모든 입자들이 현악기의 끈(String)이나 북〔鼓〕의 막(Membrane)과 같은 구조로 되어 있다. 자연에 존재하는 다양한 입자들이 모두 끈이나 막으로 구조돼 있고, 이것들이 진동하는 형률形律에 따라 우리 눈에 각기 다른 입자로 보인다는 것이다. 이 작은 끈이나 막의 표면은 각기 다른 방식으로 진동한다. 이들 끈과 막의 진동이라는 율律의 패턴을 가지고 삼라만상 모든 존재는 외부 자극(두드림, 연주)에 따라 소리를 발현한다는 것이 초끈이론이다. 이와 같은 율이 궁상각치우 5음으로 체용되면 음악이 되고, 우주 생명의 언어로는 광명, 조화, 신성神

性의 핵核, 태양의 코아(Core) 불덩어리인 것이다. 그리고 율려의 여합부절체如合符節體인 여呂가 바로 우주 삼라만상을 고요하게 일체화시켜주는 율律의 몸체인 것이다.

이와 같이 삼라만상 만물을 움직이게 하는 율律과 본래 우주 생명의 고요한 체성體性인 생명의 마음, 평화로운 마음인 여呂가 하나가 되어 율려정신은 발현되고 있는 것이다. 율려, 율律과 여呂의 지향성이 바로 오늘의 말로 인문학人文學인 바, 예컨대 동학東學의 주문(만트라)인 훔치주吽哆呪로 훔吽은 우주 생명의 근원소리이고, 치哆는 우주 생명의 근원체〔神〕와 내〔自我〕가 하나, 즉 일체가 되기를 기원하는 상징음이라. 주문이며 시詩인 것이다. 율려가 아니고 무엇이랴.

끝으로 이 시조시인이 추구하는 그 길을 들여다본다.

내 처음 밟는 길을 다녀간 이 누구인가

뒤 따라 이 길 다시 밟을 자는 누구인가

길 밖의 길을 찾아서 가는 그는 또 누군가

—「길」 전문

길은 언제 어디에나 있다. 그 누군가가 다닌다. 오늘날은 물론 지난날에도 있었고 다가올 날에도 있을 것이다. 형이상, 형이하 세상의 오만상이 뒤섞여 나오는 영묘한 소리가 다니는 길, 시인이 꿈꾸는 길이다. 5음이 저절로 어우러지는 율려의 길이다.

山堈 金洛琦의 시조 내용과 율격의 상보적 논리는 여기서 그 미학적 체용을 그의 시조작품(제7창작집)의 총체적 점검으로 상술하였다. 수록된 시조작품은 총 94편 143수다. 산강의 시조집에는 '자서', 각 장 각 부의 '시작 노트' 등 모든 게 시조로 지어져 있다. 산강 시조의 율려정신과 그 시조 내용 및 율격의 상보적 미학 실천이다.

예컨대 범종에 앉은 나비와 종신鐘身의 불이不二정신을 극복하여 자재하는 상동성相同性의 운명론運命論이다. 율려정신, 그 불이정신의 만개滿開였으면 좋겠다.

—2017년 2월 22일 심야, 서울 삼개나루 수당헌樹堂軒에서

산강 김락기 시조집_ 몸·선·길에 관한 담론

초판 인쇄 | 2017년 5월 25일
초판 발행 | 2017년 5월 30일

지 은 이 | 산강 김락기
발 행 인 | 문효치
편집국장 | 김밝은

펴낸곳 | 사단법인 한국문인협회 THE KOREAN WRITERS ASSOCIATION 月刊文學 출판부
주소 | 서울시 양천구 목동서로 225 대한민국예술인센터 1017호
전화 | 02-744-8046~7
팩스 | 02-743-5174
이메일 | klwa95@hanmail.net
등록 | 2011년 3월 11일 제2011-000081호
ISBN 978-89-6138-351-6 03810

값 8,000원

잘못 만들어진 책은 바꾸어 드립니다.